Lin 27 18529

# LETTRES

## A SA MAJESTÉ LOUIS XVIII.

Sire,

J'ai eu l'honneur d'adresser à Votre Majesté, par l'entremise de M. le duc de la Châtre, une lettre confidentielle renfermant une révélation très-importante. J'aurais voulu employer d'autres termes, mais il n'y a qu'un langage dans une affaire de cette importance, c'est l'exposé des faits ; ils sont tels dans l'écrit, que je ne puis, sans une impérieuse nécessité, les produire au grand jour. Je n'ai fait que les esquisser dans ma lettre : on les montre comme la profondeur d'un abîme. *Je parlais de la brochure du général Dumouriez qui, sans moi, aurait inondé la France.*

Je suis, etc.

Le baron de SATGÉ.

Paris, 20 Février 1815.

## AU MÊME.

Sire,

Paris et les provinces vont fourmiller de l'écrit du général Dumouriez : le défendre, sera lui donner plus de vogue, l'antidote fera circuler le poison. Quel triomphe pour vos ennemis, quel scandale pour la France ! Si tous les moyens qui étaient en mon pouvoir avaient pu suffire, pas de doute que je n'eusse épargné un tel dégoût à Votre Majesté. Aucun sacrifice ne m'aurait coûté après celui de mon sang et de ma vie, que j'avais déjà fait.

Maintenant il faut éviter ou attendre prochainement la catastrophe. Vos regrets seront grands, et d'autant plus qu'il était facile de bannir à jamais toute crainte. Je puis en donner l'assurance et la preuve à Votre Majesté.

Je suis, etc.

Le baron de SATGÉ.

Paris, 1 Mars 1823.

—

AU MÊME.

SIRE,

Votre honneur est un bien qui intéresse toute la France ; il ne faut pas le sacrifier à l'indifférence, au mépris, ni à la crainte : aucun de ces sentimens ne serait fondé ; aucun ne ferait éclater votre grandeur ni votre justice. Vous êtes souverain, et c'est vous seul qui devez être arbitre dans une affaire d'un si grand intérêt. Des agens infidèles agrandiraient la plaie au lieu de la guérir.

Craignez, plus encore que l'homme qui vous menace, ces vils adulateurs, ces infâmes qui ne vous approchent que pour vous tromper, et sur lesquels Votre Majesté s'est appuyée malheureusement pour elle et pour sa famille. Cette vérité est devenue triviale à force d'être connue, et j'ai le droit de la faire entendre, moi qui en suis une des victimes, moi qui vous ai sacrifié dans les cent jours mon sang et ma vie.

Pour prix du plus rare dévoûment on garde le silence, lors-même qu'on signale à Votre Majesté un fait qui intéresse sa couronne, et je puis dire son existence ; car un roi avili est un roi détrôné, est un roi mort. Je laisse à votre sagacité le soin de statuer ce qu'elle jugera convenable.

Quant à moi, je suis à l'abri de tout reproche ; si j'ai signalé l'écueil, on ne dira pas que je suis la cause du naufrage.

Je suis, etc.

Le baron de SATGÉ.

Paris, 15 Avril 1823.

———

AU MÊME.

SIRE,

Rien au monde n'est important comme l'affaire que j'ai révélée, et Votre Majesté ne peut fermer les yeux sans compromettre ses intérêts les plus précieux. On a des intentions qui justifient mes alarmes. Tout est disposé, préparé et prévu ; si j'insiste, c'est que j'ai lu l'écrit, et que j'ai vu, en le lisant, qu'il fallait en empêcher la publication. A peine sera-t-il connu, et il va l'être, que vous aurez mille regrets.

Pour moi, Sire, ma justification est toute prête ; elle est dans toutes mes lettres ; elle a sillonné ma tête en caractères profonds et ineffaçables. Dès hommes qui semblent avoir juré votre perte, peuvent seuls méconnaître mes sentimens.

J'ai appelé l'attention de Votre Majesté sur ce que j'ai cru utile, nécessaire, indispensable de vous exposer, et je l'ai dit avec l'accent de la franchise et de la vérité, le seul qui soit digne de vous. Je m'en rapporte pour les conséquences, à la haute sagesse de Votre Majesté.

Je suis, etc.

Le Baron de SATGÉ.

Paris, 16 Mai 1823.

———

AU MÊME.

SIRE,

J'ai toujours pensé que vous étiez le plus grand et le plus cruel ennemi de vous-même : la preuve résulte du choix des hommes en qui vous avez placé votre confiance, et ce n'est pas ici un problème, ni une question à résoudre, c'est une vérité reconnue de tout le monde, et aussi claire que le jour. Il faut un dévoûment bien rare pour persister à vous défendre contr'eux et contre vous-même.

Laisserez-vous plus long-temps à Villèle un pouvoir dont il use si mal, qui n'est dans sa main qu'un instrument funeste ? consentirez-vous à être le jouet de celui dont l'astuce égale l'insolence, et chez qui la mauvaise foi le dispute à l'impéritie ?

Il vous égare, il vous trompe, il vous empêche d'être bon, d'être juste ; il vous assujettit à une

tutelle ignominieuse , à une servitude flétrissante ,
il ne vous laisse du Roi que le vain titre ; régner
à ce prix , c'est être esclave, je ne voudrais pas de
votre trône à une pareille condition.

Si mes expressions paraissent sévères , je prie
Votre Majesté de les pardonner ; *il est difficile de
les mesurer quand le cœur saigne.*

Je suis , etc.

Le baron de SATGÉ.

Paris, 4 juin 1823.

——

AU MÊME.

SIRE ,

Au lieu d'une réponse claire et positive à mes pré-
cédentes lettres , je n'ai entendu jusqu'ici que le
sifflement hideux des serpens que vous réchauffez
dans votre sein. Leur travail, leur étude, c'est de
vous tromper, c'est de vous conduire dans l'abîme:
Tels sont les projets des perfides qui vous conseillent.
Je ne trouve de loyauté que dans la conduite de
M. le duc de la Châtre.

Mes soins ne se sont pas bornés à des paroles ; je
n'ai rien épargné pour éviter un malheur dont les
suites me paraissaient incalculables. C'est un point
que je vous prie de ne pas oublier dans l'intérêt de
votre justice. Je pourrais vous faire le sacrifice de
mon bien, puisque je vous ai déjà fait celui de ma

vie ; mais j'ai cinq enfans, et la nature a des droits qui passent avant tout.

Je suis, etc.     Le baron de Satgé.

Paris, 14 Juillet 1823.

### NOTE.

D'après ces lettres, M. le duc de la Châtre reçut l'ordre de s'entendre avec moi sur cette affaire. Trois cent mille francs furent alloués ; cette somme fut mise à ma disposition ; je l'aurais reçue si je n'avais préféré un domaine appelé les Débats, que M. de *Morteau* voulait acheter à Napoléon, pour six cent mille francs. Je quittai Paris sur la foi de cette promesse qui resta sans effet, par la mauvaise foi des conseillers de Sa Majesté.

## A M. LE DUC DE LA CHATRE.

Pamiers, 10 Novembre 1823.

M. LE DUC,

M. Scélérier vient de m'apprendre que le Conseil-d'État a décidé que le domaine ne pouvait m'être cédé ; il me reste donc à toucher la somme convenue ; je compte sur votre vigilance à cet égard.

Agréez, etc.     Le baron de Satgé.

## AU MÊME.

Pamiers, 10 Décembre 1823.

M. LE DUC,

Votre retard m'inquiète, et sans doute mal à propos ; car je ne dois pas douter de la bonne foi de Sa Majesté , dans l'exécution de nos arrangemens , vu que je ne demande que l'accomplissement de ses promesses.

Agréez , etc.                 Le baron de SATGÉ.

———

## AU ROI LOUIS XVIII.

Pamiers, 10 Janvier 1824.

SIRE,

Votre Majesté hésiterait-elle à effectuer sa promesse? Ce serait manquer à sa parole. Je quittai Paris avec l'assurance que j'aurais le bien ou la somme, et je n'ai ni l'un, ni l'autre. Comment qualifier cette conduite? Que dira Votre Majesté si je la présente au public avec les couleurs qui lui conviennent? Restera-t-elle muette, ou laissera-t-elle persécuter celui qui s'est sacrifié pour la sauver?

Votre Majesté a de l'esprit, je le sais ; mais aura-t-elle la force de résister aux insinuations perfides de ses conseillers? Je ne le pense pas. Alors que fera-t-elle? Rien de bien. On se trompe toujours sur le choix des moyens, quand on s'est trompé sur le choix des hommes.

Souvenez-vous toutefois que le caractère d'un bon Roi est la franchise, et que dans mon affaire la dissimulation ne vaudrait rien : telles sont les vérités que je dois vous faire entendre dans votre intérêt.

Je suis, etc.
                 Le baron de SATGÉ.

## AU ROI LOUIS XVIII.

Pamiers, 10 Février 1824.

.Sire,

Il est impossible que Votre Majesté puisse différer plus long-temps à remplir sa promesse ; puisque j'ai assez attendu, et que ma patience est épuisée : ceci n'est pas une menace, c'est le sentiment de mes droits que Votre Majesté connaît aussi bien que moi ; elle n'ignore pas de quelle nature sont mes services, et les sacrifices qu'il m'a fallu faire pour les rendre. On n'exigera pas que je les fasse connaître au public ; il faudrait pour cela que vos Ministres eussent perdu la tête, et que la dernière étincelle de l'honneur fût éteinte dans votre cœur.

Je connais, Sire, le respect que je dois à votre Majesté ; mais il ne faut pas que ce respect m'empêche de vous dire la vérité : que votre parole doit être sacrée, et qu'y manquer serait indigne de Votre Majesté.

Je suis, etc.      Le baron de SATGÉ.

## A LOUIS XVIII.

Pamiers, 10 Mars 1824.

Sire,

Mes lettres à Votre Majesté resteront-elles sans réponse ? Votre loyauté me dit que non. Le moyen de concevoir que le Roi de France puisse manquer à sa parole, en refusant d'acquitter une dette sacrée,

une dette, qui est celle du cœur et de l'honneur.
Vous avez payé tout ce que devaient la République et
Napoléon! Pourquoi refuseriez-vous de solder ce que
vous me devez? Quel exemple donneriez-vous à ceux
qui seraient tentés d'imiter ma confiance et mon dévoûment!

Villèle et ses complices font courir le bruit absurde
que Votre Majesté ne fait rien par elle-même ; c'est-à-
dire contre leur volonté : faites donc voir le contraire
par votre équité. Honte éternelle à ces hommes qui
payent d'une si noire ingratitude les services qu'on
rend à leur souverain. Leur conduite à mon égard
décèle une bassesse si profonde, que Votre Majesté
ne saurait la tolérer : telle est l'idée que je me plais à
former de vos sentimens ! Suivez-en l'heureuse inspi-
ration ; elle vous guidera mieux que ces hommes que
vous devriez éloigner de votre conseil ; ils ont tout
corrompu, tout bouleversé, tout dénaturé, hors vos
nobles sentimens ; je le répète, et c'est à eux seuls
que je m'adresse.

Sire, au nom de la justice et de la raison qu'on
outrage en votre nom, au nom de ces lois saintes qui
ne sont pas écrites dans les codes, au nom de votre
famille et de vous-même, ne ternissez pas votre gloire.

Je suis, etc.

Le baron de Satgé.

# A LOUIS XVIII.

Pamiers, 10 Juin 1824.

Sire,

Un bon Roi n'a qu'une parole : vous me. l'avez donnée, vous devez la remplir. Y manquer, serait un acte que ma qualité de sujet m'empêche de qualifier.

Je sais qu'il m'est interdit de plaider contre Votre Majesté; si pourtant cette lettre, qui est ma douzième, n'obtenait de vos Ministres qu'un silence déloyal, vous n'en recevriez plus de ma part. Mais dans les grands dénis de justice, il est un arbitre auquel on ne s'adresse jamais en vain, c'est le public.

A ce tribunal de l'opinion, je préfère votre conscience qui doit suffire, je me plais à le croire, pour éclairer Votre Majesté.

Je suis, etc.

Le baron de Satgé.

—

Madame la baronne de Beauvert avait écrit à M. le duc de Tarente, grand-chancelier de la Légion-d'Honneur, pour lui demander la décoration qu'elle savait m'être légitimement due.

*Réponse.*

» La nature des services honorables que M. le baron
» de Satgé a rendus, le rattache, d'après l'ordonnance
» du 26 mars 1816, au ministère de l'intérieur; et

» je transmets sa demande à S. Ex. *Signé*, Macdonald.

» Paris, 12 juillet 1820 ; 1$^{re}$ division, 2$^e$ bureau,

» n° d'enregistrement, 4659. »

D'après cette lettre, j'écrivis à M. le Ministre de l'intérieur, en ces termes : Monseigneur, M. le duc de Tarente, à qui on demande pour moi la croix d'honneur, me renvoie à V. Ex.; non qu'il ne soit convaincu de mon bon droit, comme vous pouvez en juger par les expressions de sa lettre, mais il a pensé que c'est au Ministre de l'intérieur qu'appartient l'initiative.

C'est donc vous, Monseigneur, qui êtes juge dans ma cause, et j'espère que votre jugement sera favorable à l'homme qui a versé son sang pour son pays.

J'ai l'honneur d'être, etc.

Le baron de SATGÉ.

*Réponse du Ministre.*

» J'ai reçu, M. le baron, la lettre que vous m'avez fait l'honneur de m'écrire, pour m'exprimer le désir d'être nommé chevalier de la Légion-d'Honneur. Sa Majesté ayant disposé de toutes les croix qu'elle voulait donner cette année, je ne puis que vous promettre de prendre note de votre demande, et d'y avoir égard lorsque l'occasion s'en présentera.

Agréez, etc.

*Signé*, SIMÉON.

Paris, 30 Juillet 1820.

Je crois inutile de rapporter ici la lettre de M. Patry, maître des requêtes et chef de la division du personnel, au ministère de l'intérieur, qui me donne la même assurance. Je dirai seulement que M. Siméon resta peu de temps, et que ce fut bien autre chose sous le ministère déplorable. Faisons ici un extrait de l'ouvrage qui a pour titre : *La Police dévoilée,* par M. Froment, l'un des chefs qui se trouvait en état d'éclaircir le mystère de toutes les iniquités. Il annonce d'abord : qu'il tient le fil du labyrinthe obscur connu sous le nom de *police secrète;* qu'il a pénétré dans ce honteux repaire, d'où le génie du mal semait la terreur, le désordre, et appesantissait sa main invisible et funeste sur tout ce que la France a de plus honorable. Il ajoute qu'il connaît ce pouvoir corrupteur, vexatoire, inquisitorial et criminel; et que par lui tous les doutes seront éclaircis et tous les voiles déchirés. Les horreurs qu'il raconte font dresser les cheveux, et je me bornerai à celles qui furent dirigées contre moi :

*Bordes, baron de Satgé.*

» M. de Satgé était en butte aux tracasseries, aux persécutions de la police ; elle craignait des révélations qui eussent pu mettre au grand jour le système d'arbitraire qu'elle avait adopté ; aussi avait-elle exigé qu'il s'éloignât de Paris, en pourvoyant à ses frais de route et de déplacement.» (C'est-à-dire, après m'avoir promis le domaine dont il était question, et six cents francs par mois, en attendant la mise en possession.)

» M. de Satgé revint à Paris, la préfecture ne le

perdit pas de vue , et ses agens avaient l'ordre de le surveiller. Ils mettaient cette mesure à exécution avec l'exactitude la plus scrupuleuse. Il paraît que la police, cherchant un motif de le persécuter derechef pour le forcer à quitter la Capitale , prit le parti d'avoir recours aux provocations , et ses agens durent se conformer à ses intentions.

» M. le baron de Satgé était alors logé rue Sainte-Anne , quartier du Palais-Royal. Un jour qu'il sortait de son hôtel avec deux de ses fils , plusieurs agens de police , qui étaient apostés pour épier ses démarches , s'élancèrent tout-à-coup d'un cabaret où ils étaient embusqués , et commencèrent par provoquer et insulter le père. Les deux fils vinrent à son secours , avec cet empressement et cette ardeur que leur inspiraient l'amour et le respect filial ; mais trop faibles contre le grand nombre d'assaillans , ils furent repoussés , maltraités et reçurent même plusieurs contusions, principalement à la tête.

» M. de Satgé père chercha à se défendre avec sa canne ; mais elle fut enlevée par les satellistes de la police , qui portèrent ce trophée de leur coupable agression au chef du cabinet particulier , M. de Pins. Il le fit déposer dans le magasin , et il y est sans doute encore.

» Cette affaire avait causé tant de scandale dans le quartier où elle s'était passée, qu'elle fit du bruit, et que les journaux parlèrent de ce guet-à-pens, mais avec tant de réserve et de tiédeur, qu'il semblait que leur indignation fût comprimée par la crainte de déplaire à la police , et d'être ensuite ses victimes.

» M. de Satgé, suivant les apparences, s'était mis en opposition ouverte avec M. de Villèle , en publiant une brochure dans laquelle il blâmait ses opérations ministérielles.

» Dans une autre brochure , il avait attaqué M. De-

lavau , préfet de police , et ses agens , pour se plain-
dre de la visite et de la perquisition qui avaient été
faites dans son domicile; il avait même trouvé ex-
traordinaire que le maître de l'hôtel dans lequel il lo-
geait eût paru seconder les agens de police. Il igno-
rait que s'il eût agi autrement, il s'exposait à se voir
retirer sa permission de loger et à perdre son état.

» Il avait encore eu, ainsi qu'un de ses fils, une
discussion assez vive avec M. Franchet, directeur-
général de la police , et il s'en était suivi une corres-
pondance dans des termes qui n'étaient pas propres
à opérer un rapprochement et une réconciliation.

» M. de Satgé, en provoquant ainsi ouvertement
les puissances du jour et les hommes en crédit, de-
vait s'attendre à leur haine, et qu'ils feraient usage de
tous les moyens qui étaient à leur disposition pour
repousser ses attaques , sans s'inquiéter s'ils agissaient
légalement ; car la raison du plus fort était un argu-
ment sans replique, lorsque ces messieurs étaient en
place ; et s'ils faisaient parler la loi dans leur intérêt, ils savaient également la rendre muette, lorsqu'elle pouvait les contrarier.

» Nous avons lu plusieurs brochures de M. le baron
de Satgé, qui nous ont prouvé qu'il a un attache-
ment aussi pur que sincère pour le gouvernement
du Roi et de la Charte. Il a porté ses plaintes jusqu'au pied du trône ; elles auront été accueillies,
c'est l'asile de tous et le palladium des opprimés.

» M. de Satgé doit se trouver suffisamment vengé.
Ses ennemis, ses persécuteurs sont hors d'état de lui
nuire ; qu'il partage la satisfaction générale, et qu'il
oublie des hommes dont l'existence administrative
fut un fléau, et qui n'en ont recueilli que la honte
et le mépris.

» Nous croyons devoir ajouter ici, dans l'intérêt
de la vérité, que la brochure dont nous avons parlé

dans notre premier volume n'était point de M. Satgé, mais bien du général Dumouriez, retiré en Angleterre.

» Le baron de Satgé revint à Paris, après un an d'absence; son retour inquiéta beaucoup M. de Villèle, président du Conseil des Ministres. M. Franchet ne tarda pas à inviter M. Delaveau à faire exercer près du baron la surveillance la plus active. Daguy, agent secret du cabinet de M. de Pins, fut chargé d'explorer ses démarches; mais les rapports sur la conduite du baron de Satgé ne remplirent pas les vues du Directeur-Général, et l'agent fut employé ailleurs.

» Le comte de Pins manda alors Mayer que l'on employait dans les grandes occasions; dès qu'il fut près de lui, il entama la conversation en ces termes : *Il faut un coup de maître! Le baron de Satgé est à Paris, et l'on tient beaucoup à l'en faire sortir; suivez-le donc sans relâche, et lorsque vous vous trouverez près d'un poste, vous lui marcherez sur les talons; sans doute il vous injuriera, alors vous lui donnerez un soufflet : on criera à la garde, et des agens qui seront derrière vous, vous arrêteront l'un et l'autre. Conduits ensuite à la Préfecture de police, vous serez remis en liberté et je ferai mon affaire du baron de Satgé.*

» Ah! M. le comte de Pins, quelle délicatesse!! Quelle noble conduite !!! Sans être taxé de médisance, ni de calomnie, ne peut-on pas appeler cela une provocation! Qu'en dites-vous, M. le chef du cabinet particulier?

» Mayer, dont le caractère est assez vif, et même assez emporté, et qui, outre cela n'est pas très-guerroyeur, rejetta cette proposition avec mépris; elle était plus qu'inconvenante; et il y avait peut-être quelques dangereuses représailles à craindre.

» Il s'éleva aussitôt une querelle très-vive entre

Mayer et le comte de Pins, qui voyant son autorité mé-
connue, s'écria : *Eh ! bien, puisque vous ne voulez
pas obéir aux ordres que je vous donne, je vous déclare
que dès cet instant vous ne faites plus partie de la
police.* Mayer, encore tout en colère, monta chez
M. Delaveau , mais la porte lui fut refusée.

» Il alla trouver M. Brunet, chef du personnel, et
lui raconta ce qui venait de se passer dans le cabinet
du comte de Pins. M. Brunet lui répondit paisible-
ment : *Ne craignez rien, quoique vous ne soyez plus en
place, vos appointemens vous seront payés ; mais pour
l'honneur de M. le Préfet, ne parlez point de cette
affaire.*

» Mayer a été suspendu de ses fonctions, jusqu'à
l'entrée de M. de Belleyme à la Préfecture de police,
et c'est à lui qu'il a dû d'être réintégré dans son emploi. »

Je n'ajouterai aucune réflexion : la citation que je
viens de faire noircit assez les coupables.

# LETTRE

## A SA MAJESTÉ CHARLES X.

Paris, 30 janvier 1826.

Sire,

Vous devez à M. de Satgé plus que la vie; sans lui, il y a long-temps que vous seriez couvert de honte, de confusion, et rejeté hors de la France. Pour cela, il fallait moins que la brochure du général Dumouriez, qui, sans M. de Satgé, serait connue de tout le monde. Ne croyez pas qu'elle soit un libelle, un pamphlet, une satire; c'est un coup de poignard à chaque mot, c'est la foudre à chaque ligne; elle vous écrâse au point que, publiée, vous n'oserez plus paraître en public, pas même aux yeux de votre famille.

Telle était l'opinion de Dumouriez sur Louis XVIII et sur vous-même, que vous deviez succomber l'un et l'autre sous le poids de son accusation. Ce qu'il dit de votre frère fait dresser les cheveux, et ce qu'il met sur votre compte n'est pas lu avec moins d'horreur: il vous accuse d'être les auteurs de la mort de Louis XVI, de Marie-Antoinette et de toutes les victimes de la révolution.

A la suite de mille imputations, le général Dumouriez vous traduit devant le peuple français, et vous défère à l'indignation publique. Il est mort dans la croyance que votre frère ne règnerait pas long-temps, et vous jamais. « Si, contre mon attente, me dit-il en

» mourant, il arrive que ces deux misérables prospè-
» rent sur cette terre, je les attends dans une autre
» vie où le crime reçoit le châtiment qui lui est dû. »

Quant à moi, je m'abstiendrai de tout reproche, je ne dirai rien de ce qui m'est personnel; mais le devoir, l'honneur, l'estime et l'amitié que j'ai pour M. le baron Satgé, me font une loi de le défendre contre la prévention et l'injustice. A cet effet, je conseille à Votre Majesté de lui payer de suite les trois cent mille francs que votre frère lui avait accordés, ou je vais incessamment faire distribuer la brochure, dont il s'agit, à toutes les personnes que je croirais capables de discernement et animées d'un esprit qui entende la raison; vous apprendrez par elles tout ce que vous devez de reconnaissance à M. de Satgé.

Il me promit un tiers pour me dédommager des sacrifices que j'ai faits, et moyennant ce tiers, je lui abandonnai tout ce qui m'a été confié, avec promesse écrite, de part et d'autre, de ne jamais en parler. Maintenant, voyez si vous voulez rester sur le trône, ou vous retirer dans un lieu solitaire pour y pleurer vos regrets. Je ne vois que cette alternative, et choisissez.

Signé, M.

# AU ROI CHARLES X,

*Par une Victime du Sytême déplorable.*

Tel est le titre d'une brochure très-piquante qui vient de paraître chez les libraires du Palais-Royal. Prix: 1 fr. 50 c. *Constitutionnel* du 22 janvier 1829.

Cette brochure dévoile entièrement le ministère coupable et flétri qui fut pendant six ans une calamité publique, et finit par s'éteindre dans la réprobation de la France, etc. *Courrier Français* du 27 janvier 1829; et le *Journal de Paris* du 30 en porte le même jugement.

Cette brochure est remarquable par l'énergie des pensées et les faits curieux qu'elle renferme; elle pénètre le lecteur d'une indignation profonde contre cette longue série de méfaits qui ont déshonoré et flétri le ministère qui a pesé sur la France pendant six ans. *Journal des Débats*, du 31 janvier 1829.

—

*Appel au Roi Charles X, par une Victime du Système déplorable.*

Tel est le titre d'une brochure de trente pages que M. le baron de Satgé vient de publier. En 1827, nous avons été condamnés à cinq cents francs d'amende et à un mois de prison, pour avoir écrit que le premier ministre d'une grande puissance était un voleur. Vers le milieu de 1828, toute la France répéta à haute voix la même accusation, et au commencement de 1829, personne ne doute qu'elle ne fût méritée.

Aujourd'hui chacun donne son coup de pied en passant; et, tranquille auprès de son coffre-fort, M. de Villèle se rit de tant d'attaques, et se prépare sans doute, avec ses millions, à acquérir quelque province ou quelque riche colonie.

De tant d'écrivains et de publicistes qui ont sapé le ministère déplorable qui a pesé sur nous pendant si long-temps, nul, sans doute, n'a parlé avec plus d'énergie que M. le baron de Satgé. Il dit au Roi : *Sire, le plus beau des sentimens est la reconnaissance; je la cherche dans Votre Majesté et ne la trouve pas. A qui la faute? à vos ministres.*

S'il parle de Villèle, il s'écrie : *C'est un polisson, le plus fourbe et le plus imposteur des hommes. La rapine le console de l'infamie.*

Quand il est question de Corbière et de Peyronnet, ses expressions n'ont ni moins de hardiesse, ni moins de force : il les peint *durs, égoïstes, trompeurs, pétris d'aigreur et d'amertume ;* et s'il s'adresse à Franchet, c'est encore le fouet à la main qu'il le réveille.

Vous me direz peut-être que ces plaintes amères et ces violentes attaques sont tout-à-fait inutiles aujourd'hui; mais je vous ferai observer que les diverses lettres de ce recueil ont été publiées à une époque où le danger était grand pour qui osait le provoquer, et adressées par le signataire même à ceux qu'elles tendaient à flétrir.

M. de Satgé se plaint d'avoir été assassiné par ces gens-là, mais les échos de la rue Saint-Denis ont répété ce cri accusateur, et Corbière, Franchet, Peyronnet et Villèle sont libres tous les jours de faire rouler leur brillant équipage dans ce quartier qu'ils ont couvert de deuil!

A qui la faute?.... Ce n'est pas certes à ceux qui osent écrire des brochures comme celle que nous annonçons.

*Le Kaléidoscope, Journal de Bordeaux,*

*14 Mars 1829.*

# LETTRE

*De* M. DE LABOURDONNAYE , *auteur des Catégories ,*
*à M. le baron* DE SATGÉ , *auteur des Merveilles du*
*pouvoir absolu , suivies des causes et des effets de la*
*superstition.*

Paris, 14 septembre 1829.

MONSIEUR ,

J'ai reçu la lettre que vous m'avez écrite pour obtenir le paiement de l'arriéré que vous dites vous être dû. J'ai examiné le dossier de cette affaire, et j'ai reconnu que l'allocation dont il s'agit ne vous a pas été octroyée dans les formes légales, qu'elle ne pourrait dès-lors être considérée comme une pension, mais seulement comme une indemnité essentiellement temporaire, dont le paiement avait été subordonné à la condition que vous ne quitteriez point la ville de Pamiers , condition à laquelle vous avez souvent manqué.

Ce n'est donc qu'à vous que vous pouvez vous en prendre de n'avoir pas reçu tous les termes mensuels de cette indemnité. D'ailleurs , je dois vous informer que, si vous voulez continuer à jouir de cette indemnité , il est indispensable que vous vous rendiez à Pamiers , où le paiement de chaque terme vous sera fait à dater de 1ᵉʳ Octobre prochain.

*Le Secrétaire-d'État , Ministre de l'Intérieur ,*

LABOURDONNAYE.

# RÉPONSE

*De M. le baron* DE SATGÉ *à la Lettre de* M. DE LA-
BOURDONNAYE , *Ministre de l'Intérieur.*

Paris, 15 septembre 1829.

MONSEIGNEUR ,

M. de Martignac, en entrant au ministère, m'écrivit
une lettre dans un autre style que la vôtre , et après
m'avoir entendu, dans deux audiences particulières,
il comprit que j'avais raison , et continua l'indemnité
que tous ses prédécesseurs m'avait payée. Ce qui
prouve combien je suis fondé dans ma réclamation ,
c'est qu'il m'a donné un à-compte sur l'arriéré que
vous me refusez d'une manière si inconvenante.

C'est après avoir consulté le dossier du ministère
Villèle que vous avez gourmandé , injurié , décrié,
harcelé et vilipendé un million de fois , dans votre
*Aristarque* , que vous décidez qu'on peut me refuser
l'indemnité si je ne me rends à Pamiers.

Cette condition est une reconnaissance de mon
droit ; car Pamiers étant régi par la même législation
que Paris, j'ai pu choisir pour mon domicile cette
dernière ville dont vous voudriez m'éloigner si arbi-
trairement. Ce serait la première fois que l'on don-
nerait pour condition à la créance d'un Français, sur
le Gouvernement ou sur l'État , le bon plaisir des Ministres qui pourraient le tenir à cette distance de...,
nécessaire à leur passion plus ou moins bien entendue,
plus ou moins contraire au salut de l'État.

C'est pour l'avoir bien servi qu'on m'a accordé, non ce qu'un roi m'avait promis, comme souverain, et par l'organe de M. le duc de la Châtre ; mais la faible indemnité dont je jouis, et que prétend me ravir un ministre qui, dans l'ordre constitutionnel, voudrait faire revivre les abus les plus décriés de notre temps.

Sachez donc que personne n'a le droit de m'imposer la condition d'habiter tel pays plutôt que tel autre ; que ce serait un exil, un acte arbitraire, que la loi punit très-sévèrement. Sachez aussi que mon séjour à Paris est plus ancien que le vôtre, et que dans ce moment j'ai un acte d'afferme de la maison que j'occupe avec ma nombreuse famille, excepté deux fils qui sont volontairement sous les drapeaux.

Vous dites que l'indemnité que je reçois est temporaire, rien ne l'est moins. Il paraît que M. le baron de Taillasson vous avait bien jugé, lorsqu'il me disait: » Méfiez-vous de Labourdonnaye, c'est l'homme le » plus dangereux que je connaisse ; et rappelez-vous » que s'il arrive au pouvoir, il est dans le cas de bou- » leverser la France.» Ainsi parlait un homme qui n'a point de fiel, et j'ai remarqué que vous pâlissiez toutes les fois que j'avais occasion de vous parler de ce magistrat de votre ville.

En lisant votre lettre, on dirait que nous sommes déjà recourbés sous le régime des lettres de cachet ! Indépendamment de la violation faite à la loi fondamentale de l'État, je trouve dans la condition que vous voulez m'imposer, un attentat aux droits de l'humanité, de la nature et de la liberté individuelle. Ce serait un crime, je ne dis pas dans un état constitutionnel, mais même dans une monarchie tempérée par les lois de l'équité et le droit des gens.

Ainsi donc, il manque à votre lettre le bon sens et la raison. C'est le despotisme effronté, c'est la tyrannie naïve qui, faute de mieux, s'attache à la faiblesse. Quelle grandeur d'âme !

Malheureux homme ! Je ne m'attendais pas à l'honneur d'être choisi pour votre première victime, et plût à Dieu que je fusse la dernière. Si, comme le dit la voix publique, vous êtes altéré de la soif du sang, versez le mien de préférence ; je vous le pardonne d'avance : votre lettre me prouve que je n'aurais pas grand'chose à regretter.

Cependant, si vous croyez que de pareils actes puissent vous maintenir au pouvoir, vous pouvez vous tromper. Qui souffrira votre tyrannie ? Sera-ce le Roi ? Le maintien et la sécurité de sa dynastie ne le permettent pas. Sera-ce le peuple Français ? Non plus, car il devine où vous voulez aller : aux discordes civiles qui vous dévoreront le premier.

Ma franchise ne vous le cachera pas : on s'obstine à vous regarder comme un insensé, comme un inquisiteur, comme un furibond qui veut tuer la Charte, et par suite, l'élite des Français. Où pensez-vous aller avec une réputation si affreuse ?

Vous aviez promis d'exercer la violence et l'arbitraire sur tous les Français, et il ne vous est donné de tenir parole que contre moi seul. Convenez que le fonctionnaire qui se respecte le moins, ne m'aurait pas écrit d'une manière plus grossière et plus injurieuse que la vôtre : on y remarque l'ignorance, la brutalité, la sauvagerie, et vous n'y violez les lois que pour le plaisir d'être injuste.

On vous connaît maintenant, vous êtes âpre, irascible, furieux, implacable ; et l'on ne va pas loin avec ce cortège. A peine la Chambre des Députés sera-t-elle formée, qu'il faudra partir sans retour : retirez-vous, dira-t-elle d'une commune voix, vous êtes un objet d'horreur aux yeux de la France entière ; elle rougit de vous voir à la tête des affaires.

Quant à l'exil dont vous m'avez menacé, je vous conseille d'y renoncer ; j'aime mieux être compris dans votre première catégorie.

Alors, j'oublierai votre épître qui est un modèle d'ineptie et de mauvaise foi. J'ai pensé, en la lisant, que votre tête volcanisée était tombée en frénésie. Vous en aviez déjà donné une preuve, lorsque vous demandiez que Napoléon fût sanctifié vivant, tandis que les Antonins ne l'étaient qu'après leur mort.

Pour ce qui m'est personnel dans votre ministère, je ne demande pas des faveurs ; je demande ce qui m'est dû, et vous me le refusez. Eh ! bien, homme injuste, détournez l'emploi de ce qui m'appartient, et ma nombreuse famille verra si ce n'est pas plutôt du fiel que du sang qui coule dans vos veines.

Je suis, avec les sentimens que vous méritez,

Le baron de Satgé.

Maintenant, voici le jugement qu'ont porté sur la lettre de l'exileur deux feuilles périodiques également estimées :

» On ne comprend pas, dit l'une d'elles, sur quelle loi M. de Labourdonnaye peut s'appuyer pour justifier l'injonction renfermée dans sa lettre. Lorsque le Gouvernement accorde à un citoyen soit une pension, soit une indemnité, soit un secours, c'est qu'il reconnaît que l'impétrant y a des titres fondés ; mais ces titres ne peuvent jamais être subordonnés à l'aliénation de sa liberté.

» C'est une sorte d'exil comme ceux que la police espagnole inflige aux individus à qui elle interdit l'approche de Madrid; c'est une réminiscence de l'ancien régime, c'est une véritable lettre de cachet ressuscitée administrativement sous l'empire de la Charte. Nous avons sous les yeux la lettre par laquelle M. le baron de Satgé, répondant à M. de Labourdonnaye, repousse avec indignation l'espèce de transaction par laquelle on voudrait le faire renoncer au droit imprescriptible d'habiter où bon lui semble. Le ministère parle quelquefois de Charte, de légalité; ce n'est pas à ses paroles qu'il faut s'arrêter, mais à ses œuvres. » *Courrier Français,* 15 *Novembre* 1829.

Le *Journal des Débats* ne fut pas moins indigné que le *Courrier Français* de l'acte arbitraire du ministre Labourdonnaye. Voici dans quels termes il témoigne son indignation :

» M. le baron de Satgé a obtenu un traitement dont plusieurs termes sont arriérés, et comme de juste, il a cru pouvoir réclamer ; il s'est donc adressé à M. de Labourdonnaye ; mais celui-ci, sous le prétexte que le traitement ne constituait point une pension, mais seulement une indemnité temporaire, a signifié à M. le baron de Satgé qu'il eût à se rendre à Pamiers, le seul endroit de la France où, d'après la volonté ministérielle, il toucherait son indemnité.

» Nous sommes tellement confondus de la violence et de l'absurdité d'une telle décision, que, quoique la lettre de M. de Labourdonnaye ait paru ce matin dans un journal, nous aurions eu de la peine à la croire authentique, si l'original n'avait été mis sous nos yeux. Nous avons vu cette lettre revêtue de la signature authographe, véritable lettre de cachet, attentat à la liberté individuelle qui fait payer par l'exil les services rendus. Combien de méfaits semblables, dont la crainte a conservé le secret, sont au moment d'être révélés ! »

Journal des Débats, 17 Novembre 1829.

---

Imprimerie de LACRAMPE, passage du Caire. N° 128.